2 コミュニケーションとは?

そもそもコミュニケーションとは、情報を伝達することですが、
お互いの気持ち（感情など）も含めて伝えています。

なんだかうまくいかな

心の距離

がありませんか?

この２人、お互いに確認しなかったために仕事がうまくいかなかった模様。人は、自分と同じ感覚を持っているわけではありません。でも、コミュニケーションの取り方に気をつけることで、認識の違いやズレを少なくすることができます。

もちろん、一方的な関わりではなく、相手からの反応も受け止めていくようにします。

コミュニケーションをきちんと取るために、ここでは、それ以前にある「お互いの存在を認めあうこと」から始めていきましょう。

③ あなたのコミュニケーション力は

あなたはどれくらいできていますか？
5つ以上の「◎」を目指してみましょう。

◎ よくできている
○ まあまあ、できている
△ あまりできていない

□ 自分からあいさつをしている

いろいろな場面であいさつを交わします。
「先手のあいさつ」で
コミュニケーションのきっかけを！

□ 話し掛けるときは相手の名前を呼ぶ

名前を呼ぶことは、相手の存在を認める
ことにつながります。

□ うなずいたり、笑顔を送ったりする

相づちや笑顔は相手に
安心感を与えます。

□ 相手のよい点をほめる

具体的にほめてもらえると、
うれしいもの。
良い関係が続きます。

□ 感謝の気持ちを伝える

ありがたいという感情を示されると、
人は満たされた気持ちになります。

□ 率直に考えや気持ちを伝える

誤解や不安な気持ちを取り払うため
に迷わずにやんわりと伝えましょう。

□ 問い詰めすぎないように尋ねる

詰問は相手に反感を持たれ、
相手は心を閉ざしてしまいます。

□ 相手の話をちゃんと聴く（傾聴）

「傾聴」は、相手の存在を
認めているという態度の一つ。
認められると、思っていることを
話してくれるようになります。

④ コミュニケーションの効用

お互いの存在を認めあうことで、下の絵のような効果が生まれます。
心の距離は急には埋まりません。
毎日少しずつコミュニケーションを積み重ねていくことで、
話しやすい関係ができ、ストレスも軽減されていき、
メンタルヘルス対策となります。

人間関係が良好

信頼関係ができる。風通しがよい。

ストレスの軽減

相談しやすい。一人ではない。

誰にとっても

仕事がスムーズ

正確に伝わり、問題も早期解決。

モチベーションがアップ

仕事が進むので働きがいが出る。

5 コミュニケーションの取り方

それでは、
実際どのようにコミュニケーションを取ればよいでしょうか。

❶ あいさつをする

あいさつはコミュニケーションの基本です。
その日、最初に会ったときあいさつを交わすと、
その日一日気持ちよく過ごすことができます。
相手との心の距離がぐっと近くなるからです。

先手あいさつ
言語以外も意識して（笑顔、明るく、元気に）

どんなときに何という？

- 朝など出社してきたとき：おはよう
- 外出するとき：いってきます
- 仕事をお願いするとき：すみませんが…
- 仕事が完了したとき：お疲れさまでした
- 久しぶりに対面したとき：ご無沙汰しています
- 退社するとき：お先に失礼します　など

また、あいさつをすると相手の様子がわかってきます。

そんなとき、さらに一言、声を掛けることで、
よりコミュニケーションを取りやすい関係を築いていくことができます。

プラス一声で

具合が悪そうだな…

「疲れているようだけど大丈夫？」

忙しそうだな…

「忙しいの？
何かできることあれば言ってね」

今日は出かけるのかな？…

「今日は出張なの？ いってらっしゃい！ 気をつけてね」

また、相手の不調や変化に気づかうようにもなり、早い段階で上司や産業保健スタッフにつなげることができ、メンタルヘルス不調の防止にもなります。

❷ 名前を呼ぶ

相手の存在を認めることの一つとして、名前を呼ぶことは 重要です。

名前を呼ぶことで、
そこにいる「誰か」ではなく、
「あなた」へのメッセージになります。

こんな工夫も！

建設現場など、現場管理責任者が従業員に声を掛けるときに、ヘルメットの前後に名前を入れておくと名前を呼びやすくなります。

③ 感謝の気持ちを伝える

感謝の気持ちを伝えると、人は満たされた気持ちになります。

まずは「ありがとう」と素直に伝えてみてください。
心の中で思っているだけでは伝わりません。

どんなときに伝える?

- 仕事を依頼したとき：引き受けてくれてありがとう
- 助けてもらったとき：助けてくれてありがとう
- 話を聞いてもらったとき：聞いてくれてありがとう
- 心配してもらったとき：気に掛けてくれてありがとう

❹ 声掛け・指示・合図などをする

複数人で行う作業では、声を掛けて安全を確保することが必要です。

コミュニケーションを取り合うことで、事故や災害を防ぐことができます。

例えば声掛け

狭いけど通れそうかな……

「すみません!
お湯が通ります!!」

その一言があれば、
災害を防ぐことができます。

2人で鋼板を運んでいたとき、後ろに段差が! 影響はないだろう……

「後ろに段差があるよ。
足元を確認して!」

これくらい大丈夫という
思い込みが、
事故を招くことになります。
そのためにも声掛けを
するようにします。

必要な指示や合図は確実に伝えなければ、安全に作業を進められません。

そのためにも、
次のことに気をつけましょう。

□ 指示は具体的にわかりやすく！

相手が理解しているかどうか確認するとよいでしょう。
（復唱するなど）

□ 合図は正しくハッキリと！

手や旗などを使って合図をする場合、動作をためらうと合図が伝わりません。正確に伝えられるようにしましょう。

□ 相手の顔を見る

表情は大きな情報源です。相手が理解をしているかどうか、言葉が伝わっているかどうかを、目を見て確認しましょう。また、健康状態も把握することができます。

□ 緊急時にこそ落ち着いてコミュニケーションを！

緊急時、急いだりあせってしまったりするとヒューマンエラーを引き起こしやすいので、10秒ほど深呼吸をして落ち着いてから行動しましょう。自分だけで判断せずに、周囲の人とコミュニケーションを取っていくようにしましょう。

ノンバーバルコミュニケーションも気をつけよう

コミュニケーションには、言語以外で伝える手段があり、
これをノンバーバル（非言語）コミュニケーションと言います。

聴覚 声のトーンは？（明るい、面倒くさそう、やさしい、きついなど）
話す速さ（ゆっくり、早い、まくしたてるなど）

視覚 視線は？　表情は？　しぐさは？

これでは、同じ「ありがとう」でも、印象が変わってきてしまいますよね？
良好なコミュニケーションは、お互いの五感を使って行っています。
言葉だけでは感情を含む情報は伝わりません。

⑤ 離れた場所では手段を使い分ける

在宅勤務や遠方にいて対面で話すことが難しくても、
オンラインによるコミュニケーションという手段もあります。
しかし、手段の選択を間違えるとトラブルの原因にもなります。
用途や内容に合わせて上手に使い分けましょう。

1. 対　　面	信頼関係が築きやすく誤解が生じにくい。
2. オンライン	場所を問わずにできるが、微妙なニュアンスが伝わりにくい。
3. 電　　話	相手の状況や表情などはわからない。声と雰囲気で状況を把握。また、同音異義語に気をつける。 （例：だいしゃ用意して：台車？ 代車？）
4. メ　ー　ル	文章はやり取りが残るので便利。 しかし、相手に意図が伝わっているかどうか確認できない。 急ぎの案件には不向き。

鉄則：誤解が生じたら、言語以外の情報量が多い手段に切り替える！

テレワーク時のコミュニケーションのポイント

テレワークは対面に比べ、伝えられる情報に限りがあるため円滑なコミュニケーションを取るのが難しくなることがあります。コミュニケーションが不足してくると、孤立感や不安感などによるメンタルヘルス上の課題にもなります。ストレスを軽減するためにもポイントを押さえておきましょう。

報告・連絡・相談を意識的に行う

離れて仕事をするときこそ、これらのツールを使い分けて、こまめに報告・連絡・相談したいもの。連絡が取りやすい関係を作っておくことで円滑に進められます。

ノンバーバルを意識的にする

対面以上に気をつけたいのは、ノンバーバルコミュニケーションです。オンラインの場合は、表情や身振りなどが伝わりにくく、誤解が生じやすくなります。なるべく表情や身振りを大きく表現するようにしましょう。

情報を共有する

情報のくい違いなどのないように、可視化できるものはデータで共有するようにします。違うものを想像して話していたというすれ違いを回避できます。

雑談をする

一人作業をすることが多くなり、孤独感を感じることもあります。一日一回は電話やオンラインでコミュニケーションを取ってみるようにしましょう。

オンオフの切り替えをする

いつでもどこでもコミュニケーションを取り続けようとすると疲れてしまいます。

テレワーク時も出勤時と同じように適度に休憩を取ることで、生活リズムを整え、心身の健康を維持することができます。

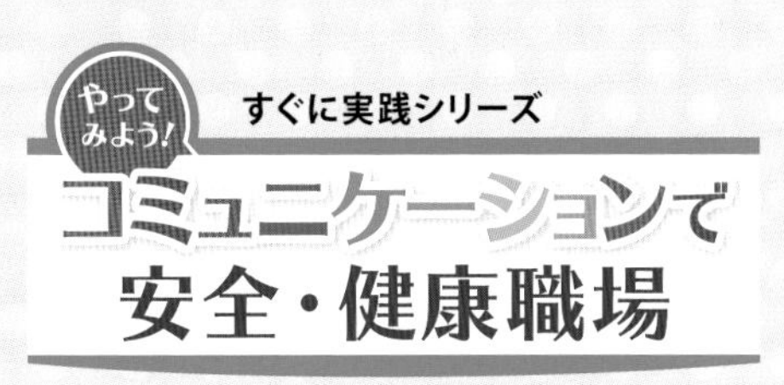

2021年7月30日　第1版第1刷発行
2024年6月7日　　　　第4刷発行

編著
中央労働災害防止協会

発行者
平山 剛

発行所
中央労働災害防止協会
〒108-0023　東京都港区芝浦3-17-12　吾妻ビル9階
販売／TEL：03-3452-6401
編集／TEL：03-3452-6209
ホームページ　https://www.jisha.or.jp/

印刷・製本
株式会社新藤慶昌堂

イラスト
エダりつこ

デザイン
新島浩幸

 24100-0104
定価：275円（本体250円＋税10%）
ISBN978-4-8059-1999-6　C3060　¥250E

すぐに実践シリーズ

指差し呼称で安全職場

ヒューマンエラー事故を防ぐ

中央労働災害防止協会

「○○○○　ヨシ！」

ヨシダ君

作業を安全に誤りなく進めていくために、
作業の要所要所で、対象物等を指差して、声を出し
確認するという手法があります。
これを **指差し呼称**（ゆびさしこしょう）といいます。
中央労働災害防止協会では、災害ゼロを実現するための
取組みの１つとして、その実施を推奨しています。
あなたの職場でも「指差し呼称」を実践しましょう。

中央労働災害防止協会

もくじ

事業場によって、指差し呼称、指差呼称（ゆびさしこしょう、しさこしょう）、指差喚呼（ゆびさしかんこ、しさかんこ）などさまざまな呼び方がありますが、本冊子では「指差し呼称」と表記します。